BEI GRIN MACHT SICH IHR
WISSEN BEZAHLT

- Wir veröffentlichen Ihre Hausarbeit,
  Bachelor- und Masterarbeit

- Ihr eigenes eBook und Buch -
  weltweit in allen wichtigen Shops

- Verdienen Sie an jedem Verkauf

Jetzt bei www.GRIN.com hochladen
und kostenlos publizieren

Marcel Schnieber

Web 2.0 Risiken und Chancen

GRIN Verlag

Bibliografische Information der Deutschen Nationalbibliothek:

Die Deutsche Bibliothek verzeichnet diese Publikation in der Deutschen National-
bibliografie; detaillierte bibliografische Daten sind im Internet über http://dnb.d-
nb.de/ abrufbar.

Impressum:

Copyright © 2010 GRIN Verlag GmbH
Druck und Bindung: Books on Demand GmbH, Norderstedt Germany
ISBN: 978-3-656-63923-7

Dieses Buch bei GRIN:

http://www.grin.com/de/e-book/271915/web-2-0-risiken-und-chancen

Fachhochschule München Fakultät 11 für angewandte Sozialwissenschaften

Web 2.0 Risiken und Chancen

Hausarbeit an der Fakultät 11 für angewandte Sozialwissenschaften an der Hochschule
München

im Studiengang Soziale Arbeit

SS 2010 - Studiengruppe 4 D

Marcel Schnieber

Fachsemester: 6. Semester

München, 15.07.2010

INHALTSVERZEICHNIS

1. EINLEITUNG

1.1 Einführung in die Thematik

In unserer heutigen Zeit sind Medien in verschiedenster Art und Ausprägung, der schnelle Wandel von Technik und Kulturformen, Konsumverhalten, Informationsflut sowie die Vernetzung in jeglicher Form kaum noch wegzudenken. Informationen sind so gut wie von jedem zu jeder Zeit von überall zugänglich. Darüber hinaus ist unsere Gesellschaft stark von Digitalisierung, Medialisierung, Miniaturisierung, Individualisierung, Globalisierung, Vernetzung und dem Cyberspace geprägt. Vor allem für die heutige Generation, gehören der virtuelle Raum und das ständig wachsende Internet zum Alltag. Die Kommunikation, Produktion und Distribution von Wissen sowie das weiterverarbeiten von Informationen befinden sich in einem ständig wandelnden Prozess, bei dem sich der User immer mehr und im größeren Maße beteiligen kann. Dabei steht besonders das Web 2.0 sowie die Social Software mit ihren vielen neuen Chancen und Möglichkeiten im Mittelpunkt der Lebenswelten von Kindern, Jugendlichen und jungen Erwachsenen.

1.2 Aufbau der Arbeit

Die folgende Arbeit beinhaltet nur einige Aspekte des Web 2.0 und der Schwerpunkt liegt hauptsächlich auf den Perspektiven für die Soziale Arbeit durch Web 2.0 bzw. durch Social Software, da sie ansonsten den Rahmen dieser Hausarbeit oder die Fragestellung sprengen würde. Ebenso ist das Thema Web 2.0 sehr neu und die Literatur besonders in Bezug auf die Soziale Arbeit sehr überschaubar.

Als erstes wird definiert was man im Allgemeinen unter dem Begriff Web 2.0 versteht und wie dieser entstanden ist. Danach werden kurz einige wichtige Merkmale und Kernelemente von Web 2.0 erläutert. Des Weiteren wird speziell die Social Software definiert und welche Formen von den Nutzern am häufigsten genutzt werden. Im Anschluss werden die Perspektiven, die für die Soziale Arbeit durch das Web 2.0 entstehen beleuchtet. Darüber hinaus werden genauer die einzelnen Chancen und Möglichkeiten die sich speziell durch die Social Software ergeben, erörtert und beschrieben. Daran knüpfend werden mögliche Anwendungsoptionen, bereits laufende Projekte bzw. Modelle im sozialen Bereich vorgestellt. Abschließend werde ich im Fazit selbst Stellung zu diesem Thema nehmen.

2. WAS IST DAS WEB 2.0?

Das Web 2.0 bildet sich aus dem Begriff Version 2.0, wie er im Fachjargon der Softwareentwickler verwendet wird und der Bezeichnung Web, was für das Internet steht. Kurz gesagt ist der Begriff Web 2.0, der Aufhänger für die Weiterentwicklung bezüglich der Standards im Internet und neuer Webmodelle. Den Namen Web 2.0 verwendeten in erster Linie Tim O'Reilly und Dale Dougherty bei einer Brainstorming- Session im Jahr 2004. Zu dieser Zeit wusste niemand wie sich das Web 2.0 entwickeln würde oder welche Veränderungen im Einzelnen bevorstanden. Ein vielschichtiger und komplexer Wandel war zwar spürbar und man konnte sich daran orientieren, doch eine genaue Entwicklung konnte niemand voraussagen. Trotz alledem herrschte von Seiten der Entwickler und Nutzer eine positive Grundstimmung in Bezug auf die Veränderungen.

Auf der einen Seite sollte man das Internet mit seinen neuen Ideen und Möglichkeiten nicht zu hoch loben, aber auf der anderen Seite sollte man auch die neuen Potenziale der Öffentlichkeit transparent machen. Somit wurde das Web 2.0 rasch als Oberbegriff für alle guten oder weniger guten Erneuerungen im Internet übernommen. Des Weiteren wurde die Bezeichnung Web 2.0 als Trendname auch häufig missbraucht, um an die gewünschte Aufmerksamkeit zu gelangen. Unter Web 2.0 fallen im Allgemeinen nicht nur neue technische Innovationen, sondern auch alte Ideen in neuer Gestalt oder neue Formen der Vernetzung und Kommunikation der User (vgl. Friedman 2009, S.33 ff).

2.1 Merkmale von Web 2.0

Obwohl das Web 2.0 einen enormen Zuwachs zu verzeichnen hat, wissen viele User heutzutage nur grob, was man im Allgemeinen unter dem Begriff versteht. Doch den Durchschnittsanwender interessiert es auch nur wenig, vielmehr möchte er die Online-Dienste nutzen und selbst aktiv werden (vgl. Friedman 2009, S.68). Um dieses Phänomen besser verstehen zu können, werden im Folgenden wichtige Merkmale von Web 2.0 genannt und ansatzweise beschrieben

Die Partizipation der User ist ein sehr wichtiges Merkmal von Web 2.0 und spielt bei sehr vielen Anwendungen eine große und entscheidende Rolle. So ist es typisch, dass die Nutzer sich selbst aktiv beteiligen und das Netz oder einzelne Aspekte mitgestalten können. Das Web 2.0 sowie Social Software entstehen, leben und entwickeln sich nur durch die Aktivität und Partizipation der Nutzer weiter. Ebenso können Inhalte jederzeit veröffentlicht, ergänzt und kommentiert werden. Jeder Anwender kann einen Teil zum Ganzen beitragen und der Individualität, der Selbstinszenierung und der Kreativität sind kaum Grenzen gesetzt. Ein globales, feinvernetztes Informationsnetzwerk wird durch die Nutzer selbst ins Leben gerufen, gepflegt, entwickelt und ausgebaut. Dieses gemeinsame Zusammenarbeiten bzw. dieser Prozess wird auch als Netzwerkeffekt beschrieben (z.B. Wikipedia). Durch die aktive freiwillige Beteiligung entsteht oft eine stückweite selbst Identifizierung mit dem Web 2.0 Anwendungen bzw. den eigenen produzierten Beiträgen. Darüber hinaus können die Nutzer bei Mitmach-Diensten (wie z.B. Last.FM, You Tube, MySpace, etc.) eigene Aktivitäten online stellen von denen die gesamte Community profitiert (vgl. Friedman 2009, S.43 ff). Es findet sozusagen ein freiwilliger Austausch von Sozialen und kulturellem Kapital zwischen den einzelnen Personen statt.

Die Inhalte selbst können zusätzlich von jedem User bewertet werden. Somit wird entschieden was populär ist, welche Themen beliebt sind und welche nicht. In dem Zusammenhang spricht man auch, oft von der durchsetzenden Demokratie oder auch von dem Grundprinzip der Empfehlung bzw. Bewertung, die z.B. bei Ebay, Google, Amazon etc. gängig ist. Gerade die Beteiligung der Nutzer zeichnet das Angebot bei Amazon aus und spricht für deren Erfolg. Für Webentwickler im Web 2.0 gilt die Regel: Je mehr User, desto besser das Produkt und desto besser der Umsatz bzw. desto mehr lohnt sich die Weiterentwicklung.

Zu weiteren Merkmalen gehören auch die Ethik der Kooperation, welche eng an die Partizipation gekoppelt ist und sich darin zeigt, dass die Nutzer eine Vermittlerrolle einnehmen, Netzwerke verbinden, Ressourcen aller Beteiligten zusammenführen und sie allen zugänglich machen (vgl. Friedman S.44 ff). Ähnliche Ziele verfolgt das Social Networking, indem es fokussiert Inhalte und Menschen miteinander zu verbinden und zu verlinken. Dabei kommt dem Sozialen Kapital ein großer Stellenwert zu, denn dadurch kann der User Kontakte knüpfen, Anerkennung gewinnen die unter anderem auch in der Realität hilfreich sein können (vgl. Friedman S.51 ff).

Des Weiteren wird im Zusammenhang mit Web 2.0 häufig von der Humanisierung des Internets gesprochen. Damit ist gemeint, dass jeder Anwender das Netz menschlicher macht und eine persönliche Note hinterlässt (vgl. Friedman S.52). Das Internet wird bunter, abwechslungsreicher und vielseitiger durch jeden einzelnen Nutzer und dessen Beiträge oder durch seine bloße Aktivität.

Dieser kurze Abriss von Merkmalen des Web 2.0 ist bei weitem noch nicht vollzählig, doch eine weitere Darstellung wurde den Rahmen leider sprengen.

2.2   Was ist Social Software?

Der Begriff Social Software ist ebenso wie der Begriff Web 2.0 schwer zu definieren. Im Allgemeinen wird Social Software als Oberbegriff für Social Networks bezeichnet. Bei Social Software steht im Zentrum, mit anderen Menschen zu kommunizieren, gemeinsam aktiv zu werden und das Arbeiten im Team. Des Weiteren hat Social Software den Auftrag Communities aufzubauen, das Selbstmanagement zu unterstützen, zu fördern sowie eine Form der Selbstregulierung zu gewährleisten. Die Anfänge von Social Software gehen weit zurück, so wurde der Internet Relay Chat, ein System zum chatten bereits Ende der 80er- Jahre entwickelt, sprich sogar lange bevor das World Wide Web auf den Markt kam (vgl. Alby 2008, S.89).

Eine Unterscheidung von Social Software findet im Groben in zwei Gruppen statt. Im Zentrum der Ersten Gruppe steht die Kommunikation (sowie die Kommunikation die nicht festgehalten wird) wie z.B. Instant Messaging. Bei der Zweiten Gruppe wird zwar auch kommuniziert, doch auch Inhalte und der Gemeinschaftsgedanke (z.B. durch selbst erzeugte Informationen, gemeinsame Bindungen oder ähnlichem wie bei Wikipedia) stehen im Mittelpunkt, welche von Usern gemacht bzw. in irgendeiner Form weiterentwickelt oder ergänzt wurden (vgl. Alby 2008, S.91). Die Weiterentwicklung der Internetstandards bzw. das Web 2.0 ist so umfassend und vielschichtig, dass eine Eingrenzung auf die wichtigsten Neuerungen in Bezug auf die Perspektiven für Soziale Arbeit sinnvoll ist. Deshalb wird im folgendem nochmals speziell auf die gängigsten

Formen von Social Software eingegangen, die von Seiten der Kindern, Jugendlichen sowie jungen Erwachsenen aktuell und aktiv genützt werden.

2.3 Welche Formen von Social Software sind die gängigsten?

Wikipedia:

Wikipedia ist eine kostenlose, virtuelle, mehrsprachige Enzyklopädie, die umfangreiste der Welt. Jeder kann den Text im virtuellen Lexikon editieren, herunterladen, nutzen oder selbst Artikel schreiben. Alles baut auf der Freiwilligkeit, Partizipation der Nutzer und Selbstregulierungsmechanismen auf. Diese Social Software zählt zu den am häufigsten besuchten Webseiten im Web (vgl. Alby 2008, S.91).

Skype:

Die wichtigsten Funktionen von Skype ist die Voice-over-IP Telefonie sowie die Live-Chat Funktionen zwischen Computern, ob zu zweit oder in einer Gruppe. Das ganze Angebot ist kostenlos, einfach einzurichten und direkt aus dem Netz herunterzuladen. Auch in beruflicher Sicht wird Skype vielfach verwendet wie z.B. bei Teammeeting bis zu 5 Personen. Darüber hinaus kann man ohne großen Aufwand ebenso Festnetz oder Handy mit in die Konferenz einbinden, dafür fallen zwar Gebühren an, jedoch zum Lokaltarif. Ebenso kann man über Skype auch Videokonferenzen durchführen, sich eine Festnetzanschluss einrichten sowie einen Anrufbeantworter besprechen. Skype wurde mehr als 100 Millionen Mal gedownloadet. 2005 kaufte Ebay für 2,1 Milliarden Dollar Skype auf (vgl. Alby 2008, S.92 ff).

Facebook:

Facebook ist eine Webseite zur Bildung Sozialer Netzwerke und Kontakte. Jeder kann sich kostenlos anmelden, sein eigenes individuelles Profil erstellen, eigene Daten (Infos, Fotos, Video etc.) hochladen, Nachrichten erstellen, Personen suchen, Personen anstupsen (auf sich aufmerksam machen, flirten) verlinken und verbinden (z.B. Fotos, Videos, Personen, Interessen usw.), kommentieren, posten (Nachrichten an virtuelle Pinnwände schreiben), online Spiele spielen (z.B. Farmville, Mafia Wars), live chatten, Gruppen gründen, Veranstaltungen veröffentlichen, Einladungen versenden, twittern (z.B. im Status: Was mache ich gerade) und vieles mehr (vgl. Alby 2008, 105).

Inhalte sowie einzelne Funktionen werden durch den User selbst ins Leben gerufen und individuell weiterentwickelt. Vernetzung, Partizipation, Aktivität, Informationsaustausch und auch personalisierte Werbung sind Kernelemente von Facebook. Dadurch ist Facebook heutzutage eine der beliebtesten und erfolgreichsten Sozialen Netzwerke geworden, besonders unter den Kinder, Jugendlichen und jungen Erwachsenen. Die Inhalte in Facebook sind zwar noch im Besitz der Nutzer, doch Facebook hat die Rechte alle Inhalte kommerziell zu nutzen sowie diese an Dritte weiterzugeben. Eingeschränkte aber ähnliche Funktionen bieten weitere Soziale Netzwerke wie z.B. StudiVZ oder Lokalisten.

YouTube:

Die Plattform YouTube ermöglicht, den Usern das schnelle, kostenlose und einfache Uploaden und Ansehen von Videofilmen. Diese sind größten Teils, kurze, selbst gedrehte Filme oder aus dem Fernsehen aufgezeichnete Sendungen bzw. Formate. YouTube bietet einen Pool von Videos sämtlicher Genre, verschiedenster Qualität, Individualität und Abwechslung an. Jeder User kann Filme reinstellen, egal ob sie mit dem Handy, der Webcam, einer Kamera oder sonstiges aufgezeichnet wurden.

Ebenso entwickeln sich bei YouTube auch Communities. Videos anderer Macher können abonniert werden oder durchforstet werden. Darüber hinaus können Nachrichten verschickt, Kommentare zu einzelnen Videos oder Bewertungen hinterlassen werden. Dabei findet hier ebenfalls eine Selbstregulierung durch die Gemeinschaft statt. 60 000 Videofilme werden täglich bei YouTube veröffentlicht und der Kreativität sind kaum Grenzen gesetzt (vgl. Alby 2008, 110 ff).

3. PERPEKTIVEN FÜR DIE SOZIALE ARBEIT DURCH WEB 2.0

Im Web 2.0 können Wünsche und Aufgaben viel schneller, individueller, effektiver und mobiler gehandhabt werden als zuvor. Die Webseiten entwickeln sich zu Webdiensten und das Internet zu einer breitgefächerten Service-Plattform. Die Benutzeroberflächen und Masken sind überschaubarer und anwendungsfreundlicher gestaltet, damit auch Durchschnittsnutzer sie bedienen, mitgestalten und weiterentwickeln können.

Dies Umgestaltungen und Neuerungen eröffnen auch der Sozialen Arbeit viele Türen wie z.B. in der Online-Beratung, da die Anonymität, Niedrigschwelligkeit und Einfachheit der Bedienung, die Inanspruchnahme von Hilfen positiv beeinflussen. Ebenso werden die Hilfen und Angebote von sozialen Einrichtungen, Organisationen durch das Web 2.0 und speziell deren Homepages transparenter, vernetzter und nachvollziehbarer. Auch Leitlinien wie z.B. Ressourcenorientierung oder Kompetenzen zur Bewältigung zunehmender Lebensanforderungen, welche in der Sozialen Arbeit häufig im Mittelpunkt stehen, können durch Web 2.0 neue virtuelle Ansätze oder Bewältigungsstrategien ins Leben rufen. Durch die neuen Ausdrucksformen werden z.B. die Stärken und Interessen der Klienten offensichtlicher und die Pädagogen/ Sozialarbeiter (z.B. in der Jugendarbeit) können an ihnen ressourcenorientiert anknüpfen und sie positiv nützen. Ebenso können die Nutzer durch das hohe Maß an Partizipation ihre Kompetenzen und Erfahrungen ausbauen oder sich Netzwerke erschaffen um selbst mit den zunehmenden Anforderungen an die Lebensbewältigung fertig zu werden (Hilfe zur Selbsthilfe).

Darüber hinaus ist die Erreichbarkeit der Hilfsbedürftigen, Betroffenen oder Ratsuchenden durch neue oder weiterentwickelte Funktionen in vielerlei Hinsicht optimiert. Jeder kann sich selbst sein Medium aussuchen mit dem er kommunizieren kann oder sich Unterstützung suchen will (z.B. E-Mails, Live Chats, Foren, frei zugängliche Veröffentlichungen, Ratgeber, Online Beratung wie z.B. Kids-online etc.). Des Weiteren bietet das Web 2.0 der Sozialen Arbeit neue Arbeitsfelder und Tätigkeitsbereiche. Bei einer professionellen Handhabe mit der Thematik Web 2.0 und deren pädagogische Vorgehensweise kann durchaus, eine gewisse Aufmerksamkeit der Öffentlichkeit und eine Aufwertung des Berufs Sozialarbeiter erfolgen.

Das Web 2.0 eröffnet auch Perspektiven für Jugendarbeit. So ist in diesem Arbeitsfeld der Gedanke von virtuellem Streetwork, aus medienpädagogischer Sicht durchaus denkbar. Dadurch könnte man die Lebenswelten der Jugendlichen besser verstehen und auch Online professionelle Beratung spielerisch mit einfließen lassen oder durch gezielte pädagogische virtuelle Angebote agieren (z.B. wie die Netzcheckers im Computerspiel Second Life). Doch diese Ansicht ist in der Jugendarbeit noch nicht sehr weit verbreitet und müsste mehr thematisiert, gezielt wahrgenommen und umgesetzt werden. Für die Ausgestaltung des sozialen Lebens in virtuellen Räumen hätten Medienpädagogen in der Regel bessere Voraussetzungen als Informatiker. Die Professionalität der Jugendarbeit muss aber nach außen noch viel besser verkauft werden. Deshalb kommt Veranstaltungen und Events der Bildungsarbeit mit digitalen Medien große Bedeutung zu, um weitere Vernetzungsarbeit der Fachkräfte zu gewährleisten und das Arbeitsfeld auszubauen und gleichzeitig zu professionalisieren (vgl. Schindler 2008, S.48 ff).

Aufgrund der Nutzung von Web 2.0 und den veränderten Formen der Informationsbeschaffung- und Aneignung, entwickeln sich neue synaptische Verschalt-ungen im Gehirn der Nutzer, welche ihre Aneignungsweise und Wahrnehmung prägen. Dieses Verständnis des Lerners der Jugendlichen sollte Pädagogen und Lehrer dazu bewegen, sich mit diesen Techniken ebenfalls intensiv zu beschäftigen und sie, zu versuchen in den Unterricht bzw. in pädagogische Angebote mit einzubeziehen. Die bloße Verwendung dieser neuen Methoden würde der Lebenswelt der Jugendlichen nicht gerecht werden. Vielmehr musste man dem Web 2.0 Wertschätzung entgegenbringen und diese Methode in seine eigene Lernphilosophie verinnerlichen.

Eine Weiterentwicklung der Rolle als Pädagoge zum Coach, Mentor oder Navigator des Lernens wäre ebenso zeitgemäß und notwendig, wie die Umgestaltung von Frontalunterricht zu einem gegenseitig ergänzenden Lernen. Das Web 2.0 steht auch Pädagogen frei zugänglich. Sie können sich dort ebenfalls Wissen aneignen, Ideen oder Unterrichtsmaterialien austauschen, wie z.B. bei Slideshare (http://www. slideshare.net/). Dort können von den Nutzern Powerpoint Folien ausgetauscht werden. Auch bei Lehrer Online (http://www.lehrer-online.de) werden mögliche Unterrichtseinheiten sowie Unterrichtsmaterialien für den medienfokussierten Unterricht frei zu Verfügung gestellt (vgl. Röll, 2008, S. 60 ff).

3.1 Chancen und Möglichkeiten durch Social Software

Durch das neue Web 2.0 bzw. die Social Software haben auch soziale Netze das Internet erreicht, besonders im Bereich Kommunikation. Bereits bestehende Kontakte werden gepflegt und neue Kontakte und Gemeinschaften werden erschlossen (Reichmann, Walpuski 2008, S. 141).

Speziell durch diese Social Software wie z.B. Facebook, StudiVZ, Lokalisten, YouTube, Skype etc. können sich Personen vernetzen und gleichzeitig ihr Soziales Kapital austauschen und erweitern. Dieses Soziale Kapital kann selbst in der Realität hilfreich sein bzw. Türen öffnen. Ebenso können sich z.B. Jugendliche durch Portale wie YouTube austauschen, ausdrücken und ihre Kreativität ausbauen. Des Weiteren wird durch Web 2.0 und dessen Merkmale wie z.B. Partizipation, Vernetzung und Aktivität den Jugendlichen die Möglichkeit gegeben, eine eigene Identität zu finden bzw. ihre Stärken, Wünsche und Interessen auszuleben.

Die Chancen oder Möglichkeiten in Bezug auf Social Software könnten sich für die Soziale Arbeit entwickeln oder aus dem aktuellen Verhalten der User ableiten lassen. Da die Social Software hauptsächlich von Kommunikation, Vernetzung und Partizipation lebt, könnte die Soziale Arbeit versuchen sich auf das Medium wie z.B. Facebook einzulassen bzw. mitzumachen. Dies konnte unter anderem eventuell durch die Gründung von Gruppen, bei denen sich die Mitglieder untereinander selbst beraten oder bei denen der Pädagoge als Administrator/ Mentor agiert ausprobiert werden. Sozusagen als virtuelle Anlaufstelle für Probleme oder Fragen.

Soziale Einrichtungen könnten aber auch reale Gruppen gründen in denen sie ihre Einrichtungen vorstellen mit Bildern, Angeboten, Konzepten und ähnlichem um ihre Arbeit transparent und attraktiv zu machen. Eine Weitere Überlegung für die soziale Arbeit, sollte das Marketing in solchen Netzwerken sein. Es ist klar, dass sie mit Großunternehmen finanziell nur schwer konkurrieren kann. Jedoch sollte sich die Soziale Arbeit bewusst sein, dass sich ein Großteil der Zielgruppe in Sozialen Netzwerken wie z.B. Facebook, StudiVZ, Lokalisten, YouTube, Skype befindet und aktiv ist.

3.2 Anwendungsbeispiele/ Modelle in der Sozialen Arbeit

Geocaching

Unter Geocaching versteht man eine moderne Schnitzeljagd, die mit Hilfe eines Global-Positioning-System bzw. GPS-Geräts durchgeführt wird. Online und Offline, Natur und Mensch alles sind Bestandteile dieses Spiels. Die Teilnehmer kehren durch die Technik wieder zurück zur Natur. Der Ablauf ist meist der gleiche. Irgendjemand versteckt einen Gegenstand im Wald bzw. draußen und postet im Internet die Koordinaten zu diesem Ort. Andere Teilnehmer suchen anhand der veröffentlichten Koordinaten mit Hilfe des GPS-Geräts diesen Gegenstand. Ist dieser gefunden geht das Spiel von vorne los.

Diejenigen die den Gegenstand gefunden haben bekommen einen weiteren Punkt im Netz in ihre Statistik eingetragen. Diese moderne Schnitzeljagd gibt es in verschiedenen Ausprägungen und Formen. Ebenso stehen im Netz typische Web 2.0 Freundesverbindungen für die Vernetzung zu Verfügung. Die Geocacher können sich z.B. gegenseitig danken, Nachrichten schicken oder Ideen austauschen (vgl. Seitz 2008, S. 211 ff).

Machinima

Hinter dem Begriff Machinima versteht man Filme machen in Computerspielumgebungen. Die Bezeichung Machinimas setzt sich aus den Worten machine, animation und cinema zusammen. Diese Machinimas werden anhand von Computerspielen erzeugt und sind 3 D- Animationsfilme. Komplexe 3D-Programme fallen weg, die Computerspiele liefern den Film in Echtzeit schon während der Produktion. Man spart sich die Renderzeiten sowie die kostspielige Software. Dialoge werden in der Regel mit Headsets eingesprochen. Und verschiedene Spieler können als Kameramann/frau aktiv werden. Die Produktion von richtigen Mach-inimas setzt spezielle und umfassende Computer und Programmierkenntnisse voraus. Diese könnten jedoch von Pädagogen/ Sozialarbeiten oder Profis zielgruppenspezifisch aufbereitet und vermittelt werden. Die Jugendlichen könnten somit einzelne Teile bzw. Aufgaben übernehmen und einen Teil zum Ganzen beitragen (vgl. Mascher 2008, S. 196 ff).

4. FAZIT

Im Allgemeinen sollte das Web 2.0 und die Social Software als positiv angesehen werden und all ihre neuen Chancen und Möglichkeiten sollten genutzt, weiterentwickelt und optimiert werden. Dabei sollte sich meiner Meinung nach auch die Soziale Arbeit, auf dieses Neuland begeben und die neuen Chancen und Möglichkeiten für ihre pädagogische Arbeit in vollen Zügen nutzen. Darüber hinaus muss sich die Soziale Arbeit auf die individuellen und kollektiven Lebenswelten der Nutzer einlassen, diese und den stetigen Wandel der Zeit sowie Kultur verstehen. Des Weiteren muss sie Veränderungen und ihre innere Haltung immer wieder neu reflektieren, überdenken und ernst nehmen. Dies ist notwendig um zeitgemäß und zielgerichtet an den aktuellen Lebenswelten, den Veränderungen der Umwelt (wie z.B. dem Internet), oder dem Verhalten der einzelnen Personen ansetzen zu können und eine professionelle pädagogische Arbeit zu gewährleisten. Ein nicht zu vernachlässigender Punkt ist auch, dass die Soziale Arbeit bezüglich des Web 2.0 und der Social Software ebenso eine kritische, reflektierende und wachsame Haltung inne halten muss um das Klientel und die Qualität der Arbeit zu schützen.

Meiner Meinung nach bietet das Web 2.0 sowie die Social Software ungeahnte Chancen, Möglichkeiten und Ressourcen die genutzt und weiter aktiviert werden sollten. Dabei ist es sehr wichtig die Gefahren, die das neue Web 2.0 mit sich bringt, die negativen Auswirkungen auf unsere Gesellschaft und den Einzelnen nicht außer Acht zu lassen und auch nicht bloß beiseitezuschieben. Es ist wichtig zeitgemäß Probleme oder Gefahren zu thematisieren und gemeinsam mit dem Betroffenen (Kind, Jugendlichen, Senior etc.) einen „Werkzeugkoffer" mit den verschiedensten Medien- Sozial-Fachspezifischen und Bewältigungskompetenzen zu entwickeln und an das aktuelle Zeitgeschehen anzupassen.

LITERATURVERZEICHNIS

Alby, T. (2008). *Web 2.0, Konzepte, Anwedungen, Technologien.* München: Carl Hanser Verlag.

Friedman, V. (2009). *Praxisbuch Web 2.0. Moderne Webseiten programmieren und gestalten.* Bonn: Galileo.

Mascher, K. (2008). Machinima-Computerspiele als digitale Sandkästen. In J. Ertelt, & F. J. Röll, *Web 2.0: Jugend online als pädagogische Herausforderung* (S. 194 ff). München: kopaed.

Röll, F. J., & Ertelt, J. (2008). *Web 2.0: Jugend online als pädagogische Herausfoderung.* München: kopaed.

Schindler, W. (2008). Mit Netz und doppelten Boden- Perpektiven pädagogischer Arbeit mit Jugendlichen im Web 2.0. In F. J. Röll, & J. Ertelt, *Web 2.0: Jugend online als pädagogische Herausforderung* (S. 43 ff). München: kopaed.

Seitz, D. (2008). Geocaching-Schnitzeljagd 2.0. In F. J. Röll, & J. Ertelt, *Web 2.0: Jugend online als pädagogische Herausforderung* (S. 210 ff). München: kopaed.

Walpuski, V. J., & Reichmann, S. (2008). Web 2.0- Optionen für die Jugendarbeit. In F. J. Röll, & J. Ertelt, *Web 2.0: Jugend online als pädagogische Herausforderung* (S. 141). München: kopaed.

www.ingramcontent.com/pod-product-compliance
Lightning Source LLC
LaVergne TN
LVHW080120070326
832902LV00015B/2697